Doris Bewernitz

Nur im Dunkeln funkeln Sterne

Geschichten und Gedanken,
die beim Abschied trösten

Inhalt

EINES TAGES

Abschied ist immer
Ohne Abschied
Kann nichts beginnen
Aber der Schmerz
Könnt ich ihn lernen
Könnt ich ihn doch
Eines Tages
Umarmen

WENN DIE SEELE TRAUERT

Was ist uns Trost angesichts des Untröstlichen? Wo sollen wir hin mit unserer Trauer, wenn sie niemand will? Wenn das Leben so tut, als ginge es einfach weiter, als hätte nur die Freude ein Recht, sich zu zeigen? Wo sollen wir hin mit uns, wenn wir uns verlassen fühlen und die wohlgemeinten Sprüche, die so leicht zu sagen und so schwer zu hören sind, nicht mehr aushalten?

Trauer kann uns in vielen Situationen überfallen. Mitten im Alltag werden wir mit existentiellen Themen konfrontiert: dem Verlust eines geliebten Menschen, Umbrüchen, Trennungen, Einsamkeit, Alter, Sinnfragen oder der Furcht vor dem Tod. Die Trauer über einen Verlust kann so schmerzlich sein, dass man glaubt, niemand vor einem habe so etwas je erlebt. Dann kommt zur Trauer noch das Gefühl des Verlassenseins. Schon der Prophet Jeremia klagte: „Schaut doch und seht, ob irgendein Schmerz ist wie mein Schmerz, der mich getroffen hat." *(Klagelieder des Jeremia 1,12)*.

Was also tröstet? Tränen können trösten. Auch, sich Zeit zu geben, sich für eine Weile zurückzuziehen und alles da sein zu lassen, was zum Abschied gehört: Angst, Ohnmacht, Verwirrung, Wut. Was auch hilft, ist, darüber zu reden. Wenn ein Mensch da ist, der einem zuhört. Doch auch Geschichten können Trost spenden. Geschichten von Menschen, die Schmerz und Trauer kennen und selbst schon durch das dunkle Tal gegangen sind. Liest man, wie es ihnen erging, ist man nicht mehr so allein mit seinen beängstigenden Gefühlen. Mitunter kann man dann sogar spüren, dass die Trauer zum Leben gehört wie die Freude. Dass Ankommen und Loslassen zwei Seiten desselben sind. Dass beides zusammengehört.

Was Menschen, die vor uns hier waren, wichtig fanden, haben sie schon immer erzählt. Oft haben sie es in eine besondere, eine magische Sprache verkleidet, bildhafter und einfacher als die Alltagssprache. Unsere Seele versteht diese Sprache besser als unser Kopf. So entstanden Mythen, Märchen und Sagen. Sie wurden von Generation zu Generation mündlich weitergegeben. Später wurden sie aufgeschrieben. In den Schriften der Philosophen, in Weisheitsgeschichten, in der Bibel, in Fabeln, Liedern und Gedichten drücken Menschen seit Jahrtausenden ihre Trauer aus und erzählen, was sie tröstete und was nicht.

Die Sprache der Seele, die sie dabei verwenden, ist uns, die wir heute so gewohnt sind, alles rational zu betrachten, manchmal suspekt. Doch gerade wenn es um Übergänge im Leben geht – und Trauer ist solch ein Übergang, der Zeit und Geduld benötigt – dann braucht unsere Seele mehr Beistand als unser Kopf, das Herz mehr Unterstützung als der Verstand. Und weil unsere Seele in Bildern spricht, versteht sie die bildhafte Sprache besser.

Immer schon gab es Menschen, die sich Abschied, Trennung, Tod und Trauer stellen mussten. Immer schon versuchten andere vor uns Wege zu finden, mit diesem Schmerz umzugehen, ihn auszudrücken, zu fassen, zu ergründen. Ihre Erfahrungen sind ein Schatz, den wir nutzen dürfen. Denn Trost heißt nicht, dem Schmerz seine Berechtigung abzusprechen. Trost bedeutet, den Schmerz zu benennen, sichtbar und hörbar zu machen, miteinander auszuhalten und zu verwandeln. Auch aus diesem Grunde ist in Zeiten der Trauer jedes ausgesprochene Wort besser als tapferes Schweigen.
Trauer hat so viele Gesichter, wie es Menschen gibt. Sie ist immer persönlich, immer nah. Und sie macht uns Angst, weil sie eine Tür öffnet zur Vergänglichkeit, zur Unendlichkeit, zum Mysterium des Todes und des Lebens. Eine Tür, die wir oft lieber zuhalten möchten. Doch wenn wir diese Tür nicht verschließen, wenn wir es wagen, sie zu öffnen und durch sie hindurchzugehen, werden wir etwas Neues erleben. Etwas, das wir ohne Trauer, Schmerz und Angst nicht erlebt hätten. Wir werden lebendiger sein als vorher.
Dieses Buch möchte mit Ihnen durch jene geheimnisvolle Tür gehen. Es möchte Sie begleiten auf dem Weg, der dahinter liegt. Es möchte Sie einladen, ganz zu werden.

Doris Bewernitz

VERHÜLLT

Der Mantel der Trauer verhüllt mich
Ich bin allein. Abgeschnitten von der Welt
Abgeschnitten von den anderen
Haltlos
Gehalten
Von meiner Trauer
Die mich ins Finstere trägt
In die Stille, dorthin wo Raum ist
Ich bin gehalten
Solange ich brauche
Meine Trauer hat Geduld

Eines Tages komme ich zurück
Eines Tages werde ich wieder leben
Und in die Kelche der Blumen schauen voller Freude
Eines Tages
Wenn ich meine Tränen ausgeweint habe
Wenn meine Trauer mich freigibt
Solange aber
Bleibe ich bei ihr
Ruhe in ihren Armen
Und hülle mich in ihren Mantel

Vom Loslassen
und Abschied
nehmen

BLATT IM WIND

Es war November. Am Kirschbaum hing ein letztes gelbes Blatt. Voller Wehmut dachte es an seine Geschwister, die alle schon abgefallen waren. Es hatte Angst. Kühl war der Wind, und die Nässe kroch ihm in die Glieder. Was war aus den anderen geworden? Was würde aus ihm?

Der Sturm fuhr in die dürren Äste und ließ das Blatt erschauern. Mit letzter Kraft krallte es sich an seinem Ast fest. Es fror. Es war schwach. Es war einsam. Was wird aus mir, wenn ich stürze, fragte es sich. Ich möchte Spuren hinterlassen. Ich will nicht zu Nichts werden. Neidisch betrachtete es die grünen Nadeln der Eibe. Wenn mein Tod wenigstens einen Sinn hätte, dachte es, dann könnte ich vertrauen.

Da hörte es eine Stimme: Das kannst du.

Es war die Knospe, die zu ihm sprach.

Sei getrost, sagte sie. Du stirbst nicht umsonst. So wie du nicht umsonst gelebt hast. Du wirst zu guter Erde werden, zum Nährboden für uns, die wir nach dir kommen, wenn es wieder wärmer wird. Wir werden leben durch dich. Und du wirst in uns weiterleben.

Warum kann nicht immer Sommer sein?, fragte das Blatt. Warum kann ich nicht bleiben?

Weil der Sommer nur die eine Hälfte ist, erwiderte die Knospe. Wie jedes Lebendige müssen wir alles lernen. Wir müssen ganz werden. Sei getrost. Bald wirst du frei sein von allem, was dich quält. Du wirst neu sein.

Woher weißt du das?, fragte das Blatt.
Es ist nicht mein Wissen, erwiderte die Knospe. Ich bin nur ein Teil des Ganzen. Es ist das Wissen des Baumes. Er hat mir aufgetragen, es dir zu sagen. Damit du ruhig wirst.
Da lächelte das Blatt.
Ein Teil des Ganzen, flüsterte es. Und ließ los.
Ein sanfter Windhauch löste es vom Ast.
Das Blatt wirbelte durch die Luft und fiel lautlos zur Erde.

LOSLASSEN

Lass los, es ist vorbei
Lass gehen, was dich quält
Mach deine Hände frei
Nicht was man festhält, zählt

Lass los, dich bindet nichts
Gib leicht, was schwer ist, her
Der Fluss nimmt deine Tränen mit
Und trägt sie bis zum Meer

STERBEN ÜBEN

Einst kam ein Mann zu einem Mönch, der allein in der Einöde lebte, und sagte: „Ich möchte dich etwas fragen."

„So frage", erwiderte der Mönch.

„Ich führe ein reiches Leben", sagte der Mann. „Aber ich habe Angst vor meinem Ende. Diese Angst wird immer größer. Sie verfolgt mich Tag und Nacht. Ich weiß nicht, wie man gut stirbt. Kannst du mich das Sterben lehren?"

„Wie oft bist du denn schon gestorben?", entgegnete der Mönch.

Der Mann verstand die Frage nicht. „Ich stehe vor dir und bewege meine Glieder", sagte er verwundert. „Ich bin im besten Alter, von vielen geachtet und ganz gesund. Ich habe Frau und Kinder, gute Freunde, eine profitable Arbeit und einen großen Besitz. Wie kannst du mich also fragen, wie oft ich schon gestorben bin?"

„Wie oft schon hast du losgelassen, was du liebtest?", fragte der Mönch.

„Nie habe ich losgelassen, was ich liebte", erwiderte der Mann. „Warum sollte ich das tun?"

„Um das Sterben zu üben", sagte der Mönch. „Alles müssen wir üben. Auch das Sterben."

KISTENKIND

Es war einmal eine Frau, die mochte nicht allein sein und wünschte sich von Herzen ein Kind. Da sie aber keines bekommen konnte, ging sie zu den drei Greisinnen, die am Ende des Dorfes wohnten, das waren die Nacht, der Tag und die Frau Trude.

„Schenke mir ein Kind“, sagte die Frau zur ersten Greisin, das war die Nacht.

„Tröste erst alle Kinder, die im Finstern weinen“, erwiderte die Nacht. „Wenn du das vollbracht hast, magst du wiederkommen und mich erneut bitten.“

„Schenke mir ein Kind“, sagte die Frau zur zweiten Greisin, das war der Tag.

„Mache erst alle Kinder satt, die unter der Sonne hungern“, erwiderte der Tag. „Wenn du das vollbracht hast, magst du wiederkommen und mich erneut bitten.“

„Schenke mir ein Kind“, sagte die Frau zur dritten Greisin, das war die Frau Trude.

„Ich könnte dir deinen Wunsch wohl erfüllen“, erwiderte Frau Trude. „Allerdings nur unter einer Bedingung.“

„Wie lautet sie?“, fragte die Frau.

„An einem Tag, den ich allein bestimmen werde, musst du mir dein Kind geben“, sagte Frau Trude.

Die Frau dachte nach. Die Bedingungen von Nacht und Tag konnte sie unmöglich erfüllen. Doch der dritten Bedingung könnte sie zum Schein zustimmen.

Die Frau Trude war alt. Sie würde nicht mehr lange leben. Und sollte sie tatsächlich eines Tages kommen und das Kind holen wollen, dann würde sie sich schon gegen sie zu wehren wissen.
„Ja“, sagte die Frau, „so soll es sein.“
Bald darauf wurde sie schwanger und gebar ein kleines Mädchen, das war so entzückend, wie man auf der ganzen Welt lange keines mehr gesehen hatte. Kaum sah sie ihr Kind an, bekam die Frau Angst, wenn sie an die Bedingung von Frau Trude dachte. Darum baute sie rasch eine Kiste, wo das Kind gerade hineinpasste, legte es hinein, schloss den Deckel und verzierte die Kiste außen mit Muscheln und Perlen. So wird die Trude das Kind nicht finden, dachte sie bei sich.
Nun hatte sie das Kind ganz für sich, und immer, wenn sie Verlangen nach ihm fühlte, öffnete sie den Deckel der Kiste und sah es sich an.
„Mutter, mir wird so eng“, sagte das Kind eines Tages. „Bitte lass mich raus.“
„Zieh die Knie ein wenig an“, entgegnete die Frau. „Draußen ist es viel zu gefährlich.“
Und so blieb das Kind in der Kiste und zog die Knie an.
„Mutter, ich wachse“, sagte das Kind eines Tages. „Bitte lass mich raus.“
„Schlinge die Arme fester um deinen Leib“, entgegnete die Frau. „Du kannst nicht raus, das ist zu gefährlich.“
Und so blieb das Kind in der Kiste und schlang die Arme um seinen Leib.

„Mutter, ich habe Schmerzen“, sagte das Kind eines Tages, als die Frau wieder den Deckel hob. „Wenn du mich nicht bald hinauslässt, werde ich sterben.“
„So schnell stirbt man nicht“, sagte die Frau. „Mach dich etwas kleiner. Dann wird es schon gehen. Ich sage dir doch, die Welt ist viel zu gefährlich für dich.“
„Bitte, Mutter“, sagte das Mädchen. „Lass mich hinaus.“
„Nein“, sagte die Frau.
In diesem Moment betrat die Frau Trude das Zimmer. Sie ging zur Kiste, öffnete den Deckel, ergriff des Mädchens Hand, half ihr hinaus und sagte: „Und nun komm mit mir. Das Leben wartet auf dich.“
Und das Mädchen ging mit Frau Trude hinaus und schaute sich nicht mehr um.

Ich bin nicht tot,
ich tauschte nur die Räume.
Ich leb in euch,
ich geh in eure Träume.

Michelangelo Buonarotti

DANN

Und dann kommt der Abend
Und dann kommt die Nacht
Und dann kommt der Tod
Der die Kerze ausmacht

Und dann kommen Wege
Die kennt keiner nicht
Und dann kommen Straßen
Durchflutet von Licht

Und dann kommt die Tür
Die ist so schmal und klein
Dort passt nur ein ganz
Nacktes Herz hinein

EIN GUTER MEISTER

Mein Garten lehrt mich alles. Wie gut, dass auch er seine Jahreszeiten hat, genau wie meine Seele.
Als Kind wollte ich, dass immer nur Frühling ist. Ich liebte den Frühling. Diese Farben! Die Blüten! Der Duft! Die ersten Bienen, die in geöffnete Krokoskelche taumeln! Welch eine zauberhafte, märchenschöne Zeit! Schon ab dem Spätsommer vergrub ich neue Tulpenzwiebeln, die ich von meinem Taschengeld kaufte. Erst buddelte ich sie in meinem eigenen Beet ein, und wenn dort kein Platz mehr war, überall im Garten, als könnte ich damit den Frühling zwingen, eher zurückzukehren. Aber auch die aus den Nachbargärten ergatterten winzigen Zwiebeln von Krokus, Blaustern oder Schneeglöckchen quetschte ich noch dazwischen. Zugegeben, meine Strategie war nicht erfolgreich, der Frühling kam dennoch stets zu seiner eigenen Zeit, aber sie vergrößerte meine Vorfreude.
Die herrlichsten Blumen sind und bleiben doch die Frühblüher. Winterling und Leberblümchen, wie diese Kleinsten sich durch den Schnee schieben! Blausternchen, die die Wiese in einen Ozean verwandeln. Schneeglöckchen und Märzbecher, deren Glocken die Symphonie der Auferstehung einläuten. Und erst die Tulpen! Wie Gestalten aus einer anderen Welt schweben ihre Kelche über den Beeten, tauchen den Garten in Duft, malen schwarze Sterne auf gelbem, rotem oder weißem Grund. Welch ein Rausch. Welch eine

Üppigkeit und Pracht, aus dem Nichts geboren, bejubelt da alljährlich die zurückgekehrte Wärme. Gibt es etwas Schöneres, als in den ersten Sonnenstrahlen das Leben zu feiern? Mein Beet im elterlichen Garten platzte von März bis Mai aus allen Nähten, weil ich die Zwiebeln viel zu dicht gesteckt hatte. Aber ich war selig und fühlte mich als begnadete Gärtnerin. Ich feierte die Existenz der Schönheit, und die Blumen waren der Beweis.

Doch dann, im Juni, kam die Ernüchterung. Meine Lieblinge welkten. Schlaff und gelb die Tulpenblätter, trocken und farblos ihre Stängel. Die Krokusse Stroh, die Narzissen umgeknickt und zerfasert, die Winterlinge verschwunden ... Ihre Zeit war vorbei. Ich trauerte. Ich wollte nicht ohne Tulpen leben. An dieser Trauer änderte auch kein Phloxduft, keine Rose und keine Sonnenblume etwas. Umsonst versicherte meine Mutter, die Blumen würden sich nur ausruhen, um im nächsten Jahr umso schöner zu blühen. Was nützte mir das nächste Jahr? Jetzt lebte ich, jetzt sollte Frühling sein. Jetzt sollten sie blühen! Der Schmerz des Abschiedes. Ich habe nie gelernt, ihn mit Würde zu tragen ...

Inzwischen habe ich meinen eigenen Garten. Der natürlich im Frühjahr vor Blüten überquillt. Und egal, wie viele Tulpenzwiebeln schon in der Erde ruhen – es vergeht kein Herbst, in dem mich nicht eine unbezwingbare Lust packt, neue zu kaufen und zu vergraben. Genau wie früher. Und auch heute noch ergreift

mich jedes Mal eine entsetzliche Wehmut, wenn die Schönen mit Beginn des Sommers ihre Blütenblätter zur Erde fallen lassen und verdorren. Dahin die Schönheit. Wieder ein Jahr warten! Welch eine traurige Übung.
Doch ihr Sinn hat sich mir mittlerweile erschlossen. Auch ich kann nicht immerfort jubeln. Auch ich habe leere, dunkle Zeiten, in denen ich mich welk und zerfasert fühle. Und weiß inzwischen: Erst in diesen scheinbar nutzlosen dunklen Zeiten wächst mir Kraft für Neues. Die Tulpe zieht ihre Kraft aus Stängel, Blüte und Blättern in die Zwiebel zurück, bewahrt sie dort und braucht ein langes, behutsames Liegenlassen. Tief in der Erde muss sie schlafen, ungesehen, ungestört, wenn es eine nächste Blüte geben soll.
Nein, es kann nicht immer Frühling sein. Die Zeiten des Überganges sind nicht sinnlos, auch wenn sie einem so vorkommen. Die Zeit der Dunkelheit bereitet die nächste Blüte vor. Immer. Auch in diesem Sinne ist mir mein Garten ein guter Meister. Ich lerne ständig von ihm.

Die Blume geht zugrunde, aber der Samen bleibt
zurück und liegt vor uns, geheimnisvoll,
wie die Ewigkeit des Lebens.

Khalil Gibran

HÖR

Hör in der Stille
Den Rat des Farnkrauts
Unter dem Blau des Himmels
Breite die Flügel
Hab keine Angst
Was soll dir geschehen?
Geht der Samen verloren
Verstreut im Wind?
Geht das Wasser verloren
In durstiger Erde?
Oder der Duft der Rose
Der zurückbleibt
In deiner Hand?

„Meine Tage sind gezählt“, sagte die schwarze Raupe auf dem Brennnesselblatt. „Ich werde immer schwächer. Ich fühle, dass ich sterben muss. Ach, wie kurz war die Blüte der Nessel. Wie kurz mein Leben. Wie kurz der Duft und der Sonnenschein. Und wie groß meine Angst vor dem Tod. Leb wohl, liebe Erde. Ich verlasse dich. Nichts wird von mir bleiben.“ Sie war verzweifelt. Sie weinte. Aus ihren Tränen wuchsen feine, weiße Fäden. Die kleine Raupe krümmte sich, verspann die Fäden zu einem Bett und verkroch sich darin, im Bewusstsein ihres baldigen Endes.

„Du züchtest wieder mal Unkraut“, sagte der Mann. „Hier, die Ecke hinterm Haus. Wie sieht denn das aus. Voller Brennnessel! Die Nachbarn reden schon!“ Er griff zur Sense und wollte alles abmähen, als seine Frau ihn zärtlich am Arm berührte. „Lass sie stehen. Bitte. Wegen der Schmetterlinge.“ „Welche Schmetterlinge“, sagte der Mann. „Ich sehe keine.“ Die Frau beugte sich vor und deutete auf ein hauchfeines weißes Gespinst. Der Mann betrachtete es. „Da ist eine schwarze Raupe drin“, sagte er. „Und da ist noch so was. Und da auch. Eindeutig Schädlinge. Sollen sie den ganzen Garten befallen?“ „Warte doch“, sagte die Frau. „Mir zuliebe. Nur zwei Wochen. Dann wirst du sehen.“

Nachdem die kleine Raupe eingesponnen war und sich dem Großen, das sie umhüllte, ergeben hatte, schmiegte sie sich in ihr Bett und wurde still. Bald fiel die Angst von ihr ab. Sie ließ alle Unruhe los und ging ganz hinein in ihre große, lebenslange Erschöpfung. Zum ersten Mal ruhte sie sich aus. Und es war solch eine Seligkeit in ihr von diesem Ausruhen, dass sie mit einem einverstandenen Lächeln die Augen schloss. „Ich irrte mich“, murmelte sie. „Der Tod ist freundlich. Man muss keine Angst vor ihm haben.“

„Komm doch mal“, sagte die Frau. Der Mann kam heran. Sie nahm seine Hand. „Gleich siehst du ein Wunder“, sagte sie. „Was für ein Wunder“, sagte der Mann. „Ich sehe nur Brennnessel. Die zwei Wochen sind übrigens um. Ich mähe sie nachher ab.“ „Warte“, sagte die Frau. „Da! Schau doch nur!“ Und sie standen beide und staunten. Wie aus den hellbraunen, trockenen Puppen die Falter krochen. Einer nach dem anderen. Überall auf den Nesselblättern saßen sie, tankten die Wärme der Sonne, entknitterten behutsam ihre Flügel und streckten sich. Die großen Augenkreise auf den Flügeln leuchteten in Braun, Blau, Rot und Weiß, dass es eine Pracht war.

„Ich bin geboren! Ich lebe!“, jubelte das Tagpfauenauge, reckte sich, probierte die neuen Flügel und erhob sich in die Luft. „Ach, wie eng war mir gewesen, dort wo ich herkam. Wo war das nur? Ich weiß es nicht mehr. Aber wie herrlich ist es nun! Wie herrlich!“ Es flog über den großen Garten hin und sah so viele verschiedene Blüten unter sich, dass ihm ganz taumelig wurde von all den Düften. Schließlich entschied es

sich für einen dunkelvioletten Sommerflieder, dessen Rispen über und über mit kleinen Blüten bedeckt waren. Es kostete den Nektar, und ein nie gekanntes Entzücken breitete sich in ihm aus.
„Faszinierend“, sagte der Mann. „Faszinierend. Und ihre Raupen ernähren sich nur davon? Bist du sicher?“
„Ausschließlich von Brennnesseln“, entgegnete die Frau. „Das habe ich in klugen Büchern gelesen.“
„Nun, wenn ich da an die ordentlichen Gärten neben uns denke“, sagte der Mann, „völlig brennnesselfrei, da können dann ja gar keine Schmetterlinge entstehen?“ „So ist es“, erwiderte die Frau. „Genau wie du sagst.“ „Dann müssen sie natürlich stehenbleiben“, sagte der Mann. „Wen stören schon Nesseln. Nur Leute, die keine Ahnung haben. So eine kleine Ecke. Der Garten ist schließlich groß genug.“

Was die Raupe Ende
der Welt nennt,
nennt der Rest der Welt
Schmetterling.

Khalil Gibran

BEIDES

Es gibt dunkle und helle Tage
Es gibt Schatten und Licht
Wenn es mal finster um dich ist
Fürchte dich nicht

Nimm deine Nacht als Geheimnis
Die Leere ist nicht leer
Nimm deine Tränen als Tropfen
Aus dem großen geduldigen Meer

Nur im Dunkeln funkeln die Sterne
Erst in der Stille hörst du
Deinen geflüsterten Namen
Lausche, komm zur Ruh

Es gibt dunkle und helle Tage
Es gibt Schatten und Licht
Alles ist Verwandlung
Vertraue, fürchte dich nicht

DAS TESTAMENT

An dem Tag, an dem sie ihr Testament machen wollte, stellte sie fest, dass sie noch nicht genug gelebt hatte. Sie saß in ihrer Stadtwohnung, vor sich das leere Blatt mit der Überschrift *Testament*. Sie hielt den Stift in der Hand und überlegte, was sie schreiben sollte, und in diesem Moment wurde ihr klar, dass noch ein Traum übrig war. Sie war nie dazu gekommen. Es hatte tausend Gründe gegeben. Immer waren andere wichtiger gewesen. Der Mann, die Kinder, die Enkel, die Kollegen, die Freunde. Jetzt war sie alt. Viel Zeit blieb ihr nicht mehr. Trotzdem verspürte sie plötzlich eine unbändige Lust, das Geld, das sie noch hatte, für sich selbst zu verwenden. Kurz tauchte ein schlechtes Gewissen auf, doch dann fiel ihr ein, dass ihre Kinder erwachsen waren und gut für sich sorgen konnten. Sie legte den Stift auf das Papier. Sie saß lange still. Und dann beschloss sie, sich nun den Traum zu erfüllen, den sie ihr Leben lang geträumt hatte: ein Häuschen auf dem Land, ein kleiner Garten, ein paar Hühner, eine Katze, eine Ziege. Sie wusste, dass sie es bereuen würde, ganz am Ende, wenn sie es nicht täte. Sie stand auf, zog den Mantel an, ging in ein Maklerbüro, trug ihr Anliegen vor, und tatsächlich fand sich ein winziges Häuschen am Rand eines Kornfeldes, das sie bezahlen konnte. Sie verschenkte fast all ihre Möbel, kündigte die Wohnung, beauftragte eine Umzugsfirma und zog in das Häuschen. Sie fühlte sich gleich wohl darin. Vor allem liebte sie die Weite der Landschaft ringsum. Der Blick übers Feld ging bis zum Horizont. Jeden Abend saß sie nun vor dem Häuschen und sah der Sonne beim Untergehen zu. Sie baute einen Hühnerstall, kaufte bei einem Nachbarn sieben Küken, beim anderen eine Ziege und eine Katze. Sie streute Blumensamen, säte Tomaten und Radieschen und freute sich über den alten Apfelbaum, der in Blüte stand, als gäbe es keine Zeit. Sie lernte die Ziege melken und trank an jedem Morgen eine Tasse Ziegenmilch. Ihre Kinder, die bestenfalls noch mit einem Umzug ins Pflegeheim gerechnet hatten, erklärten sie für verrückt. Sie aber ließ sich von dieser Meinung nicht weiter bekümmern, genoss jeden Tag wie ein Geschenk und war zufrieden.

Lebe, wie du, wenn du stirbst,
wünschen wirst, gelebt zu haben.

Fürchtegott Gellert

Trauer
braucht
Zeit

SCHWESTER DER FREUDE

Traurig sein tut weh. Es ist ein großes Loch, das mich zu verschlingen droht. Solange ich mich dagegen wehre, wird es schlimmer. Erst wenn ich die Trauer annehme, wenn ich aufhöre, gegen sie zu kämpfen, erst, wenn ich mich ihr ergebe, ändert sich etwas. Darum habe ich beschlossen, dass ich auch mal traurig sein darf. Auch mal sehr traurig. Ich darf auf den Grund sinken. Bis nach unten. Meine Trauer ist auch ein Teil meiner Lebendigkeit. Ich will sie nicht mehr aussperren. Sie ist die Rückseite meiner Freude, sie ist ihre Schwester, auch sie gehört zu mir. Ich will nicht mehr weglaufen. Ich bin erwachsen. Ich gestehe mir meine Trauer zu. Ich ziehe mich in meine vier Wände zurück, in mein Dunkel, in meine Stille, in meinen erschöpften Körper. Und dabei werde ich immer langsamer und langsamer. Manchmal glaube ich, die Trauer kommt überhaupt nur, um mich langsam zu machen. Damit ich endlich mein eigenes Tempo wiederfinde. Mein Tempo, das ich vergessen hatte. Denn unten, am Tiefpunkt, an dem es nicht mehr tiefer geht, gibt es einen Grund. Dort wird der Boden unter meinen Füßen fest. Dort werde ich ruhig. Ich sinke nicht mehr weiter. Ich stehe. Und von dort aus kann ich auch wieder losgehen.

SICH ZEIT LASSEN

Ein Priester, der den Hinterbliebenen nach einem Begräbnis immer ein Tütchen mit Blumensamen schenkte, wurde gefragt, warum er das tue. Er erwiderte: Ich verschenke stets Samen, bei denen es lange dauert, bis sie zu Blumen werden. Gern auch solche, die im ersten Jahr nur Blätter treiben und erst im zweiten Jahr blühen. Die meisten Menschen nehmen sich zu wenig Zeit für ihre Trauer. Wer aber auf Blumen wartet, lernt Geduld und wird freundlicher mit sich selbst.

INS LICHT

Nimm dein Leid von den Schultern
Es ist zu schwer
All die Mühe, die Sorge
Das schaffst du nicht mehr

Stell es ab, sieh es an
Und dann lass es stehn
Sag Lebwohl und Adieu
Du darfst leicht weitergehn

Dein Anfang war bitter
Dein Ziel ist es nicht
Du weißt, was du mitnimmst
Der Rest ist Licht

VERGISS MEIN NICHT

Bei meiner ersten Beerdigung war ich fünfzehn.
Tom, der Bruder meiner besten Freundin war gestorben. Ein Unfall. Einen Monat vorher hatten wir seinen zwölften Geburtstag gefeiert.
Die lähmende Ohnmacht, die ich auf dem Friedhof empfand, kann ich noch heute mit Händen greifen. Mein Bauch war aus Eis. Dieses abrupte Einbrechen des Todes in einen blühenden Maitag konnte ich einfach nicht fassen. Noch eine Woche vorher hatten wir mit Tom in der Sandkuhle am See Radrennen gespielt. Natürlich ist man mit fünfzehn eigentlich zu alt für Radrennen, aber Tom liebte es, und er war immer so komisch und brachte uns zum Lachen. Darum hatten wir mitgemacht. Ein toller Nachmittag war das gewesen. In der Nacht darauf hatte ich bei ihnen geschlafen. Morgens waren wir zusammen zur Schule gegangen.
Und jetzt sollte er in diesem Sarg liegen? Im Mai? Im schönsten Monat des Jahres? Die Sonne schien. Es duftete nach Jasmin. Alles in mir weigerte sich, zu begreifen, was da geschehen war. Wir waren Kinder. Wir waren dabei, ins Leben hineinzugehen. Den Tod gab es nicht. Und nun war er auf einmal da.
Der weiße Sarg war bedeckt mit Vergissmeinnichtsträußen. Zuerst stand er in der Kapelle, umgeben von brennenden Kerzen. Der Pfarrer sprach. Ich hörte nicht hin. Ich sah immer nur den Sarg an und

wunderte mich, dass er weiß war. Tom hatte Drachen geliebt und für sein Leben gern gemalt. Sein Zimmer war voller Drachenbilder gewesen. Warum war kein Drache auf dem Sarg?
Später kamen schwarzgekleidete Männer, trugen den Sarg aus der Kapelle hinaus und man sah ihnen an, dass er fast nichts wog. Ich dachte, vielleicht ist Tom heimlich abgehauen. Er ist da gar nicht drin. Der Sarg ist in Wirklichkeit leer.
Wir gingen hinterher. Unsere Sohlen knirschten auf dem Kies. Ich wunderte mich, dass Tom nicht neben uns ging. Ich konnte mir einfach nicht vorstellen, dass er nicht mehr da ist.
Das Loch in der Erde schien viel zu groß für ihn. Neben dem Loch war eine Birke mit jungem Grün. Ihre weichen Äste wiegten sich im Wind. In ihrer Spitze saß eine Amsel und sang. Wir standen um das Loch herum. Meine Freundin stand neben mir und schwieg. Ihre Mutter war mit steinernem Gesicht an den Rand des Grabes getreten und sah aus, als würde sie gleich hineinfallen. Es war gut, dass sie nie allein war. Immer stand jemand dicht neben ihr. Entweder umarmte sie wer, oder jemand legte seine Hand auf ihre Schulter, oder jemand hakte sie unter oder drückte ihre Hand.
Dass so viele Leute gekommen waren, tat mir gut. Dass sie alle so hilflos aussahen, wie ich mich fühl-

te, auch. Man hält diese Ohnmacht besser aus, wenn man sie nicht allein hat.
Als der Sarg in die Erde hinuntergelassen wurde, hörte die Amsel in der Birke auf zu singen.
Ein paar Wochen später gingen meine Freundin und ich zum Friedhof. Wir legten uns neben Toms Grab auf den Boden. Genau so, wie wir oft zu dritt im Bett gelegen hatten, wenn ich bei ihnen übernachtet hatte. Wir fühlten die Kälte der Erde am Rücken, fröstelten und stellten uns vor, wie es sein müsste, tot zu sein. Wir erzählten von Tom. Von seinem Geburtstag. Von dem Nachmittag in der Sandkuhle. Vom Abend danach. Von seinen schönen bunten Drachen. Wie lustig er gewesen war.
„Zu Hause habe ich immer das Gefühl, er kommt gleich durch die Tür", sagte meine Freundin. „Immer ist mir, als wäre er nur mal kurz rausgegangen und kommt gleich wieder."
Von unserem Gesparten hatten wir einen Plastik-Drachen im Spielzeugladen gekauft. Den buddelten wir in seinem Grab ein. Möglichst tief, damit er besser ran kam.

Inzwischen bin ich viermal so alt wie damals und kenne dieses Gefühl, dass jemand nur mal kurz rausgegangen ist und bestimmt jeden Moment wieder zur Tür hereinkommt, besser als mir lieb ist. Ich habe so viele Beerdigungen, Abschiede und Übergänge erlebt, dass es mir manchmal vorkommt, als wäre das Leben selbst ein einziger Übergang. Immerhin könnte das ja sein. Wir kommen aus dem Unbekannten, werden geboren, leben, sterben und gehen wieder ins Unbekannte zurück. Manche sagen, dort ist es sehr hell und schön warm. Vielleicht warten die, nach denen wir uns so sehnen, dort schon auf uns.

Ich bin von euch gegangen
nur für einen kurzen Augenblick
und gar nicht weit.
Wenn ihr dahin kommt,
wohin ich gegangen bin,
werdet ihr euch fragen,
warum ihr geweint habt.

Laotse

LIED VOM BLAUEN FISCH

Tief im Wasser tief im Blau
überm Muschelgrund
Schwimmt ein guter stiller Fisch
riesengroß und rund

Schöner blauer Trauerfisch
überm Muschelgrund
Trägt in sich ein Menschenkind
ohne Zeit und Stund

Dem ein großer Schmerz geschah
Ist so seelenwund
Und das Menschlein schläft und weint
derweil sich gesund

Wenn der gute Trauerfisch
Still und groß und rund
Tief im Wasser tief im Blau
Schwimmt zum Muschelgrund

FREIHEIT

Ich bin ein Vogel
Hefte mir Schwingen an
Fliege fort und werfe die Schatten ab

Ich bin ein Vogel
Ich steige himmelan
Schaue hinab zu meinem leeren Grab

Ihr legt Blumen darauf
Doch ihr irrt
Ich bin woanders
Luftumflirrt
Was soll ich mit Blumen
Wenn ich die Freiheit hab

Ich brauche
meine Tränen

DEINE KOSTBAREN TRÄNEN

Liebe M., danke für deinen Brief. Aber über einen Satz habe ich mich doch erschrocken. Du schreibst, dass du nun genug hast von den Tränen, dass du jetzt nicht immer weiter weinen magst und das müsse doch endlich mal aufhören, es sei schließlich schon so lange her. Ich kann verstehen, dass es anstrengend ist zu weinen, aber ich bin mir ziemlich sicher, dass es auf Dauer noch viel anstrengender ist, nicht zu weinen. Wenn ich an die lange Zeit des Durchhaltens bei dir denke, wo nicht eine Träne kommen durfte, wo du immer nur funktioniert und gar nichts mehr gefühlt hast. Weißt du noch? Und jetzt ist endlich Raum und Zeit zum Traurigsein, nun fließt dein Schmerz aus dir heraus, und du darfst merken, wie schlimm das alles für dich war und ist. Ich finde nicht, dass dein Weinen aufhören sollte, solange du nicht leergeweint bist. Ich finde, dass deine Tränen da sein dürfen. Und was heißt schon, es sei lange her. Ist solch ein Schmerz denn an einem bestimmten Datum vorbei? Es ist eben noch nicht lange her. Glaub mir, deine Tränen sind kostbarer als Edelsteine, sie meinen es gut mit dir und wollen dir helfen. Ich mag dich! Auch weinend. Aber das weißt du ja.
In diesem Sinne! Dir das Beste. Deine Freundin

DER GRUND UNSERER TRÄNEN

Ein Gelehrter wollte herausfinden, warum die Menschen weinten, wenn sie traurig waren.
Er fragte einen Psychologen.
„Weinen ist ein archetypischer menschlicher Ausdruck“, sagte dieser. „Ein Widerstreit der Gefühle. Im Bewusstsein des verlorenen Glücks wird die Trauer zum Abgrund, den wir nicht ertragen. Darum weinen wir.“
Das stellte den Gelehrten nicht zufrieden.
Er fragte einen Pfarrer.
„Gott hat uns Tränen gegeben, damit wir sie ihm zeigen und uns erleichtern können“, erwiderte der.
Auch das befriedigte den Gelehrten nicht.
Er fragte einen Arzt.
„Das liegt am osmotischen Druck“, sagte der, „Tränen sind nichts als innerkörperlicher Druckausgleich. Die salzhaltige Körperflüssigkeit dient der Reinigung des Bindehautsacks und der Befeuchtung der Hornhaut.“
Der Gelehrte war verwirrt.
Er fragte ein Kind.
„Wenn ich weine, wasche ich meine Augen“, sagte das Kind. „Dann werden sie klarer. Dann kann ich etwas sehen, was ich vorher nicht sehen konnte.“
Der Gelehrte lächelte. „Ja“, sagte er. „Immer besser sehen zu können. Nur darum kann es gehen.“
Und er dankte dem Kind und ging zufrieden nach Hause.

WARUM?

Warum ist das so schwer? Wenn ich mich ärgere, nicht so zu tun, als sei ich bester Laune. Wenn ich erschöpft bin, nicht so zu tun, als wäre ich fit und munter. Wenn ich traurig bin, nicht so zu tun, als wäre ich fröhlich. Das alles nicht zu tun, obwohl andere es sich von mir wünschen, ja, es sogar von mir erwarten, damit es ihnen besser geht. Ich möchte nicht mehr funktionieren. Ich möchte mich nicht mehr verraten. Ich möchte mich bergen, schützen, umhüllen. Ich möchte das Zarte in mir leben lassen. Wa-rum ist das so schwer?

Und wenn du dich getröstet hast
(man tröstet sich immer), wirst du froh sein,
mich gekannt zu haben.
Du wirst immer mein Freund sein.
Du wirst dich daran erinnern, wie gerne du
mit mir gelacht hast.

Antoine de Saint-Exupéry

EINMAL REGENBOGEN BITTE

Heute hängt der Himmel tief,
Alles grau und alles schief,
Voller Schatten meine Hütte.
Einmal Regenbogen bitte!

Heute brauch ich Trost und Mut,
Wen, der mir was Gutes tut,
Dass ich nicht noch mehr verschütte.
Einmal Regenbogen bitte!

Heute fühl ich Schuld und Not,
Hungre nach Vergebungsbrot,
Sehne mich nach einer Mitte.
Einmal Regenbogen bitte!

Bin mal langsam, bin mal schnell,
Manchmal dunkel, manchmal hell,
Bin auch das, was ich nicht zeige,
Gestern mutig, heute feige.

All das möchte ich versöhnen.
Darum brauch ich einen schönen
Bogen, bunt und himmelweit,
Heute und zu jeder Zeit!

DEINE TRAUER IST EIN STERN

Er war sieben, höchstens acht. Ein schmächtiger Junge mit strubbligem, schwarzem Haar. Er ging den Bürgersteig entlang und trug eine große, lederne Aktentasche vor sich her, die er mit beiden Armen wie ein Kuscheltier umklammerte.

Ich stand an der Bushaltestelle und wunderte mich, dass er jeden Menschen, der ihm entgegenkam, ansprach. Hatte er sich verlaufen?

Dann war er heran und kam auf mich zu. Er streckte mir die Aktentasche entgegen, sah mich mit großen Augen an und sagte: „Das ist Papas Tasche. Mein Papa ist gestern gestorben. Ein Auto hat ihn totgefahren."

Ich schluckte. Sein Blick griff mich ans Herz. Ich suchte nach Worten. Ich fand keine.

„Mama sagt, Papa kommt nie wieder", sagte er. „Ich hab ihn aber lieb. Er kommt trotzdem nicht wieder. Weil er tot ist."

Ich hatte einen Kloß im Hals. „Das ist furchtbar", sagte ich.

Er steckte die Hand in die Hosentasche. „Ich hab Sterne ausgeschnitten", sagte er. „Weil Papa jetzt im Himmel ist." Er reichte mir einen Papierstern. „Hier. Damit du auch an meinen Papa denkst."

Ich nahm den Stern und suchte noch immer nach Worten. Doch der Junge war schon weitergegangen.

Ich sah noch, wie er auf den nächsten Erwachsenen zusteuerte und seine Tasche nach vorn streckte.

Dann kam mein Bus. Ich stieg ein. Der Stern raschelte in meiner Hand.
Es allen sagen können, dachte ich. Allen. Der ganzen Welt. Jedem einzelnen Menschen. Durch die Straßen gehen und der ganzen Welt sagen, dass einem etwas Schreckliches passiert ist. Bis man es begreift. Es aussprechen. Es hinaus schreien. So mit der Trauer umgehen können. Ich dagegen vergrabe mich, wenn der Schmerz mich packt. Zeige meine Tränen nur mir selbst.
Ich umschloss den Stern mit der Hand und meine Augen wurden heiß. Wie gut wäre es gewesen, wenn ich hätte weinen können, vorhin, als der fremde Junge vor mir stand. Wie gut, wenn ich ihm statt der armseligen Worte meine Tränen geschenkt hätte.

DIE ANZEIGE

Gesucht: meine Tränen.
Zuletzt gesehen, als ich ein Kind war.
Klein sind sie, nass und durchsichtig,
Und schmecken nach Meerwasser,
Was mir auf Heimat hinzuweisen scheint.
Wer sie gesehen hat,
Sei bitte so gut
Und bringe sie mir zurück.
Ich brauche sie.

SELBSTERLAUBNIS

Ja, ich darf müde sein, traurig und erschöpft, auch langsam, wenn ich es brauche. Ich darf nichts mit mir anzufangen wissen, lange. Ich darf zu Hause bleiben, am Fenster stehen, Stunde um Stunde, in die Luft schauen, keine Idee haben, keinen Plan, keine Antworten. Ich darf mich langweilen und Spatzen beobachten. Ich darf Post unbeantwortet lassen. Ich darf die Uhren anhalten, das Telefon stumm stellen und den ganzen Tag im Sessel sitzen. Ich darf tränenlos sein. Ich darf weinen und lachen. Ich darf ans Meer fahren, wenn mir danach ist, den Wellen zuschauen und den Möwen, die Steine betrachten, herumlaufen ohne Ziel, mir den Wind um die Ohren pusten lassen, den Himmel betrachten, meine Tage völlig sinnlos vergeuden. Ich darf keinen Termin haben und keine Erklärung. Ja, ich darf zu mir kommen auf meine Art und in meinem Tempo. Ich darf zu mir kommen.

Seine Haut ist viel zu weich. Er ist schmal geworden. Er schweigt neuerdings viel. Den Teddy, den ich ihm letzte Woche mitgebracht habe, hat er tatsächlich im Arm.
„Ich würde gern noch mal rausgehen", sagt er.
Als wir auf der Bank unter der Markise sitzen, beiße ich mir auf die Zunge. Dass es unser letztes Treffen ist, davon habe ich zu diesem Zeitpunkt keine Ahnung. Ich halte mich noch mit Peinlichkeiten auf, weiß nicht, was ich sagen soll, wage nicht, seine Hand zu berühren, weil er so zerbrechlich auf mich wirkt, und komme mit meiner Ohnmacht überhaupt nicht zurecht.
„Erzähl mir was vom normalen Leben", sagt er.
Ich schlucke. Ich sage nicht, dass mein Leben gar nicht mehr normal ist, seit er im Hospiz ist.
„Es ist heiß da draußen", sage ich. „Die Leute baden im See. Sie liegen auf der Wiese und sonnen sich."
„Und kreischen, wenn sie ins Wasser springen?", fragt er.
„Ja", sage ich, „besonders die Kinder. Sie kreischen."
„Herrlich", sagt er.
Ich verstumme. Ein Hustenanfall schüttelt ihn. Er sitzt gebeugt wie ein alter Mann. Dabei ist er so alt wie ich. Fünfunddreißig. Mitten im Leben. Ich sehe ihn an. Seine Augen sind wie immer, dunkel und klar. Ob er Angst vor dem Tod hat? Ob wir uns noch oft sehen?

Ich würde ihn so gern retten.
„Und die Erdbeeren sind reif", sage ich, um ihm eine Freude zu machen.
„Erdbeeren", sagt er, und leckt sich die aufgesprungenen Lippen. Gleich ärgere ich mich, dass ich von Erdbeeren geredet habe. Er darf doch keine mehr essen. Ich bin ein verdammter Idiot.
Die Schwester kommt und sagt, dass er sich besser wieder hinlegen soll. Sie ist freundlich, das tut gut. Sie hilft ihm hoch und bringt ihn rein.
„Ich gehe dann mal besser", sage ich, als wir wieder im Zimmer sind. „Damit du dich ausruhen kannst. Oder?"
Er steht vor dem Bett, in seinem viel zu großen Nachthemd, lächelt mich an und breitet die Arme aus. Ich mache einen Schritt auf ihn zu. Wir halten uns. Zwei Ertrinkende. Endlich. Endlich weinen wir zusammen. Das tut so gut.
Er küsst mich auf die Wange. „Mach's gut, altes Haus", sagt er. „Und grüß mir den Manni, okay?"
Im Park, später, lauter küssende Paare. Eine Mutter hebt ihren kleinen Sohn aus dem Buggy, zieht ihn nackt aus und stellt ihn in den feuchten Sand. Der Junge torkelt lachend aufs Wasser zu. Sofort ist die Mutter zur Stelle. Ein Mädchen sitzt im Gras und liest. Der warme Wind spielt in ihrem Haar und lässt es rötlich schimmern. Wahnsinn, denke ich. Wie kostbar das alles ist.
Abends in der Küche fragt mich Manni, wie es ihm

geht. Aus dem offenen Fenster der Nachbarwohnung dringt Reggaemusik. Die flotte Nachbarin sitzt, in eine leuchtend grüne Decke gewickelt, auf dem Fensterbrett und winkt zu uns rüber.
„Wie geht es ihm“, sagt Manni noch einmal.
„Schlecht“, sage ich. „Aber ich soll dich grüßen.“
„Und wie war’s so?“, fragt Manni.
Ich zucke mit den Schultern. Soll ich ihm jetzt erzählen, dass wir endlich zusammen heulen konnten? Dass ich das alles nicht begreife? Und dass ich immer noch nicht weiß, was ich seiner Angst das nächste Mal entgegensetzen soll? Wie sagt man sowas denn?
„Schon gut“, sagt Manni. „Musst nichts erzählen.“ Dann gießt er mir Kaffee ein und schiebt die Tasse über den Tisch.

NOCH EINMAL

Noch einmal sitzen, einfach, hingegeben
Und schauen: dieses also nennt man Leben
Die Wiese dort mit ihren gelben Blumen
Den blauen Wald dort hinten, diese Ackerkrumen

Noch einmal sitzen und dies alles schauen
Wie Menschen Häuser, Vögel Nester bauen
Sich taumelnd mühen für ein kleines Stück
Sich sicher wähnen in dem bisschen Glück

Noch einmal sitzen in der großen Stille
Die ein geheimnisvoller alter Wille
Am Morgen über Land und Dorf und Stadt
Grad wie ein Festgewand gebreitet hat

Noch einmal sitzen wie in einem Garten
Nur schauen – und dabei auf gar nichts warten
Nur schauen – und das Herz zur Schale weiten
Und auf die nächste Weite vorbereiten

FESTHALTEN WÄRE GUT

Nein, bitte kein ‚Wird schon wieder', kein ‚Kopf hoch' und kein ‚Zeit heilt alle Wunden'. Lasst es einfach. Das ist wie Hohn, das meint nicht mich, das geht keinen Schritt mit mir gemeinsam ins Dunkle. Das ist nicht das, was ich jetzt brauche. Ich verstehe ja, dass ihr auch hilflos seid. Aber es hilft mir nicht, wenn ihr so tut, als wärt ihr es nicht.
Wenn überhaupt, sehne ich mich danach, dass einer kommt, mich in die Arme nimmt und festhält. Mich, wie ich gerade bin. Nicht nur mal kurz festhält, flüchtig, wie zur Begrüßung, sondern richtig lange. Dass einer mich ganz festhält, so fest, dass ich nicht mehr weglaufen kann. So lange, bis ich merke, dass wirklich ich gemeint bin. So lange, bis ich weinen und toben und schreien kann, meine ganze Verzweiflung herausschreien, meinen Zorn, meine Wut, meine Trauer, meinen Schmerz, meine Einsamkeit und alles, was da gerade in mir ist und mich fertig macht. So lange.
Doch das würde einigen Mut erfordern, das sehe ich ein. Daher diese Sätze von euch, die so tun, als wäre alles nicht so schlimm, als dürfe mein Schmerz nicht sein. Als dürfe ich nicht sein, nicht so, wie ich bin. Doch diese Sätze helfen mir nicht. Gar nicht. Darum: Lasst es einfach. Bitte. Dann ist schweigen besser.

Was
tröstet

NICHT ZU SCHNELL

Tröste mich nicht zu schnell. Nicht bevor ich begriffen habe, nicht bevor meine Tränen geflossen sind. Komm zu mir, ja, sei da, halte mich, bleibe da, bei mir, halte mich, halte mich aus, wie ich bin. Halte mich aus mit meiner ganzen Verzweiflung, mit meiner Wut, meiner Ratlosigkeit, meinem Wehren gegen alles. Halte mich aus, erschrecke nicht zu sehr vor dem, was sich da zeigt, bitte, halte mich aus. Gehe nicht weg, weil ich dir Angst mache. Sei da, bleibe da. Aber tröste mich nicht zu schnell.

Wir können das Leid nicht aus der Welt schaffen.
Aber was wir tun können, ist dies:
einander die Tränen trocknen.

Ruth Pfau

BARBARA

Es war einmal eine Frau mit Namen Barbara, die hatte sich lange nach ihrem Liebsten gesehnt. Sie hatte gar von ihm geträumt und wusste daher wie er aussah. Nur konnte sie ihn Jahr um Jahr nicht finden, so sehr sie auch nach ihm suchte. Erst als sie die Vierzig bereits überschritten hatte, traf sie ihn. Beide waren überglücklich, herzten sich, liebten sich, genossen jeden Tag zu zweit und feierten bald Hochzeit.

Doch schon kurze Zeit nach der Hochzeit klagte ihr Liebster über Schmerzen und keine zwei Monate später war er tot. Er hatte die Krankheit schon in sich getragen, nur hatte das niemand wissen können.

Barbara war untröstlich. Sie schlug sich an die Brust, sie weinte, schrie und klagte. Sie warf sich vor, ihn nicht eher gefunden zu haben. Wie viele schöne Jahre hätten sie dann zusammen haben können! Nun war sie noch viel unglücklicher als in der Zeit, als sie nach ihm gesucht hatte. Die Monate vergingen. Barbaras Schmerz blieb. Sie konsultierte Ärzte, sie machte Kuren, sie nahm Medizin, nichts half.

Da hörte sie eines Tages von einer weisen Frau, die tief in einem Wald leben und für jedes Problem eine Lösung haben sollte. Ich werde sie aufsuchen, dachte Barbara. Vielleicht kann sie mir meinen Schmerz nehmen. Sie packte ein paar Sachen ein und machte sich auf den Weg. Da sie nicht wusste, wo die weise Frau wohnte, fragte sie in jedem Ort nach ihr, doch

niemand konnte ihr helfen. Lange wanderte sie so, wanderte und suchte.
Eines Abends, sie lief seit Stunden durch einen Wald und war schon ganz erschöpft, sah sie in der Ferne ein kleines Licht. In der Hoffnung auf ein Schlafquartier ging sie darauf zu und stand schließlich vor einer ärmlichen Holzhütte, aus deren einzigem Fenster ein schwacher Schein drang. Sie klopfte an die Tür und trat ein.
Da saß eine uralte Frau auf einem Schemel.
Barbara begrüßte sie ehrfürchtig.
„Was ist dein Problem?“, fragte die Alte.
„Mein Schmerz“, sagte Barbara. „Ich habe meinen Liebsten verloren. Die Trauer frisst mich auf.“
„Was brauchst du?“, fragte die Alte.
„Trost“, sagte Barbara.
Die Alte nickte. „Das kann ich versuchen. Komm, erzähl. Von deinem Liebsten. Von eurer gemeinsamen Zeit. Von deinem Schmerz.“
Und Barbara erzählte. Draußen wurde es Nacht. Die Alte zündete eine Kerze an. Barbara erzählte. Draußen wurde es hell. Die Alte blies die Kerze aus und öffnete das Fenster. Barbara erzählte. Der Mittag kam. Die Alte kochte eine Suppe. Barbara erzählte. Es wurde wieder Abend. Die Alte schloss das Fenster und feuerte den Ofen an. Barbara erzählte. Sie erzählte von ihrer langen Suche nach dem Liebsten, von ihren Träumen, wie sie sein Gesicht gesehen, ihn gefunden, wie sie sich geliebt und Hochzeit gehalten hatten. Sie erzähl-

te von ihren Plänen, ihrem Glück, ihren Küssen, von seinen Schmerzen, ihrer Angst, von seinem Tod und wie sie ihn begraben hatte. Sie erzählte drei Tage lang. Die Alte hörte aufmerksam zu.
„Wie geht es dir jetzt?“, fragte sie dann.
„Der Schmerz ist immer noch da“, sagte Barbara. „Also können Sie es doch nicht.“
„Was kann ich nicht?“, fragte die Alte.
„Den Schmerz von mir nehmen.“
„Nein, das kann ich nicht“, sagte die Alte. „Das kann niemand. Aber darum hattest du mich auch nicht gebeten. Du batest mich um Trost. Trost heißt nicht, dass einer dem anderen seinen Schmerz wegnimmt. Sondern dass du deinen Schmerz zeigst und jemand ihn mit dir aushält.“
Barbara nickte. „Und warum haben Sie dann anfangs gesagt, Sie wollen es versuchen? Warum nur versuchen?“
„Angesichts des Untröstlichen“, sagte die Alte, „kann Trost immer nur ein Versuch sein. Nie ein Rezept.“
„Ja“, sagte Barbara. „Und jetzt weiß ich auch, welch ein Geschenk jede Minute mit meinem Liebsten war. Danke, dass Sie mir zugehört haben.“
Und sie ging anders nach Hause, als sie gekommen war.

MANCHMAL

Ja, Nähe tut gut, wenn man traurig ist, Umarmungen, Zuspruch, dass Menschen da sind, die einen aushalten, auch mit verheultem Gesicht.
Aber manchmal sind diese Menschen eben nicht da. Manchmal ist man ganz allein, wenn man traurig ist. Das ist schwer.
Wenn man es dann jedoch schafft, nicht vor sich selbst wegzulaufen, wenn man es dann aber schafft, sich auszuhalten, und es wagt, hinabzusteigen in die eigene Nacht, dann kann es sein, dass man sich sehr nahe kommt, sich selbst begegnet sozusagen, und Trost darin findet, wieder zu wissen, wer man eigentlich ist.

DÄUMELINCHEN

Ich war acht. Ich hatte keine Ahnung von Psychologie. Ich wusste nichts vom Kriegstrauma meiner Eltern, nichts von Bombenalarm, Hunger und Flucht, ich kannte den Grund nicht, warum das Weinen bei uns verboten war. Meine Tränen schluckte ich runter. Ich war traurig, aber ich wusste es nicht und konnte es niemandem zeigen. Ich hatte keine Worte dafür. Irgendetwas saß in mir fest, drückte auf mein Herz und wollte hinaus. Hätte es Herrn Andersen nicht gegeben, vermutlich wäre ich an meinen ungeweinten Tränen erstickt.

Immer, wenn ich alleine zu Hause war, holte ich die Platte mit dem Märchen von Däumelinchen aus dem Schrank und stellte den Plattenspieler an. Ich liebte alle Märchen von Herrn Andersen, aber Däumelinchen war am traurigsten. Es war eine Single-Schallplatte. Das Märchen dauerte eine viertel Stunde. Wenn Däumelinchen beim Maulwurf angekommen war und wusste, dass es kein Entrinnen mehr gab, dass sie ihn nun würde heiraten und für immer mit ihm in der dunklen Erde würde leben müssen, brach ich in Tränen aus. Dann fand sie die tote Schwalbe, und ich konnte gar nicht mehr aufhören zu weinen.

War die Platte zu Ende, legte ich den Tonarm wieder auf Anfang. Es kam vor, dass ich sie zehnmal hintereinander hörte. Immer an derselben Stelle liefen mir die Tränen.

Herr Andersen hatte genau die Worte gefunden, die mir selbst fehlten. Und zum Glück hatte er seine Geschichte aufgeschrieben. Das Märchen vom Däumelinchen hatte er für mich geschrieben. Ich weinte um das kleine Mädchen, das dort ohne eigene Schuld im Dunkeln gefangen war. Ich fühlte seine tiefe Sehnsucht und Einsamkeit. Ich erschrak über die harten Worte des Maulwurfes, der ihm die Tränen verbot. Ich war Däumelinchen. Ich wollte nichts so sehr wie hinaus ans Licht. Ich wollte frei sein und leben und war eingesperrt. Und die mögliche Rettung in Form einer Schwalbe war tot.

Es war wirklich furchtbar, sich dieser Geschichte immer und immer wieder auszusetzen. Und es war sehr gut. Ich brauchte die Tränen. Danach ging es mir besser. Danach war ich erschöpft, leergeweint und herzwarm. Ich war wieder lebendig.

FRIEDENSERKLÄRUNG

Im Wasser
Meine Weichheit spürend
Beginn ich zu fließen

Im Ozean
Gewahr meiner Kleinheit
Nehme ich die Angst
Verlorenzugehen
An

Luftblasen auf der Haut
Beende ich den Krieg.

AM FLUSS

Es war einmal ein Mann, dem war seine Frau gestorben, und er hatte sie begraben. Nun saß er jeden Tag an ihrem Grab und beweinte sie. Anfangs bedauerten ihn die Leute noch und bedachten ihn mit Trostworten, die sich leicht sagen ließen und die er ungern hörte. Manche brachten ihm gar, als es kühler wurde, heißen Tee auf den Friedhof. Doch wie er Monat für Monat so saß, begannen sie, ihn zu meiden. Schließlich kam niemand mehr zu ihm, und hinter vorgehaltener Hand wurde im Dorf von ihm gesprochen, dass er sich absondere, dass das falsch sei, dass es ja nun an der Zeit wäre, das Leben ginge weiter und überhaupt, wo alles doch schon so lange her sei. Es kam so weit, dass man ihn ganz vergaß, weil er sich im Dorf nicht mehr zeigte. So saß der Mann, versunken in seine Trauer, am Grab seiner Frau, und immer schwerer fiel es ihm, von dort wegzukommen, denn er wusste nun gar nicht mehr, wie er das hätte anstellen und zu wem er hätte gehen und was er zu den Leuten hätte sagen können.

Da kam eines Tages, es war Frühling geworden, ein Knabe vorbei. Er war unterwegs zum Fluss, um angeln zu gehen, und hatte aus einer Laune heraus die Abkürzung über den Friedhof genommen. Er sah den Mann, der ihm fremd war, ging zu ihm, blieb stehen, fragte, warum er hier sitze, und der Mann erzählte es. Ob er mit ihm angeln wolle, sagte der Junge, heute

sei ein guter Tag dafür, er habe sogar Sehne und Haken für eine zweite Angel dabei. Der Mann stimmte zu, stand auf und ging mit ihm zum Fluss. Sie suchten eine schöne Weidenrute, knüpften Sehne und Haken daran, setzten sich ans Ufer, warfen ihre Angeln aus, sahen übers Wasser und schwiegen. Sonnenlicht glitzerte auf den Wellen, und wie er so saß, fand der Mann, dass er noch nie in seinem ganzen Leben etwas so Schönes gesehen hatte wie dieses Licht auf dem Wasser. Abends, als sie genug gefangen hatten, teilten sie die Fische. Der Mann ging mit dem Jungen ins Dorf, dankte ihm, fand sein altes Haus wieder, betrat es, briet sich einen Fisch, aß ihn mit gutem Appetit und legte sich schlafen.
Als er am anderen Morgen ins Dorf ging, war ihm alles neu. Und auch die anderen Menschen, die früher einmal seine Nachbarn gewesen waren, erkannten ihn nicht mehr wieder, so sehr hatte er sich verwandelt.

FREUNDSCHAFT

Eine Libelle und ein Regenwurm gingen ein Stück des Wegs miteinander. Sie stellten fest, dass sie viele gemeinsame Themen hatten und sich ausgezeichnet verstanden.

„Wollen wir Freunde sein?“, fragte die Libelle.

„Oh gern“, entgegnete der Regenwurm.

Gleich schworen sie sich ewige Freundschaft und versprachen sich auf die Hand, dass ab sofort jeder dem anderen überall hin folgen solle.

„Komm mit zu mir“, sagte der Wurm. Er schritt rasch aus und sie kamen an den Eingang seiner Wohnhöhle. „Hier hinein“, sagte er. „Du wirst sehen, wunderschön ist es dort unten. Kühl und dunkel. Und es duftet so geheimnisvoll.“ Doch die Libelle fürchtete sich davor, in die Erde hineinzukriechen. Ihre Angst war zu groß. „Ich kann es nicht“, sagte sie.

„Komm mit zu mir“, rief sie schnell. „Es ist herrlich zu fliegen, über dem Wasser zu schweben, auf dem Schilf zu sitzen und das Glitzern auf dem Wasser zu sehen. Komm!“ Und sie erhob sich in die Luft. Der Regenwurm sah ihr nach, konnte ihr aber nicht folgen.

„Warum kommst du nicht?“, rief die Libelle.

„Ich kann nicht“, sagte der Wurm.

Die Libelle kehrte zu ihm zurück. „So sind wir doch keine Freunde?“, fragte sie traurig. „Weil wir uns nicht überall hin folgen können?“

Auch der Wurm war traurig. Er überlegte.

„Weißt du", sagte er dann. „Offenbar ist jeder von uns begrenzt. Manches kannst du nicht und manches kann ich nicht. Ich glaube aber, dass wir trotzdem Freunde sein können. Solange wir uns dort treffen, wo wir beide hinkommen. Und solange wir uns von unseren Welten erzählen, die nur wir selbst aufsuchen können."

Die Libelle war erleichtert. Sie nickte. „Du hast recht. Ich bin froh, dass du es so siehst. Genau so wollen wir es halten."

Und so erzählten sie sich von ihren Welten und machten die Welt des anderen größer.

EINE GUTE NACHT

Das junge Ding über mir, Studentin angeblich, erste eigene Wohnung, für meinen Geschmack immer etwas zu grell geschminkt, wie sie da letzte Nacht ihre Anlage aufdreht, ich schrecke hoch, gucke auf meinen Wecker, drei Uhr in der Früh und eine Lautstärke, dass ich fast aus dem Bett falle, es scheint Klassik zu sein, irgendwelche Opern, woraufhin ich mir zornig den Bademantel überwerfe und die Treppe hochrausche, der werde ich was erzählen, mir den Schlaf zu rauben, und wie ich dann klingle und sie vor mir steht, ein Häuflein Unglück, rotgeweinte Augen, verlaufene Schminke im Gesicht, das junge Ding, und erklärt, sie habe doch niemanden stören wollen, aber Mathilda sei gerade gestorben und das hielte sie nur mit Callas aus, Puccini-Arien, und ich solle doch bitte reinkommen, es sei so schrecklich, allein zu sein, wenn jemand gestorben ist, es sei das erste Mal bei ihr, und wie ich reingehe, im Bademantel, mitten in der Nacht und frage, wer denn um Gottes willen Mathilda ist, und sie sagt, ihre Katze, die habe sie als kleines Kind von ihren Eltern bekommen, immer sei die bei ihr gewesen, immer, das ganze Leben lang, zweiundzwanzig Jahre, und wie sie mir dann ihre tote Katze zeigt in der Küche, in einem Körbchen, zugedeckt mit einer rosa Decke, und sagt, ein Leben ohne Mathilda, das ginge einfach gar nicht und mich fragt, was sie denn nun bloß machen soll, wo sie Mathilda denn beerdigen könne, und schnieft und schluchzt und weint und durchgeschüttelt wird, und wie sie redet und redet und das verschmierte Gesicht an meine Schulter legt und wir Wein trinken und miteinander sprechen und die ganze Zeit die Callas ihre Puccini-Arien schmettert, eine nach der anderen, wirklich, eine ungemein starke Stimme, die einen packt, bis ich, als es dämmert, in meine Wohnung gehe, mich anziehe, beim Bäcker Brötchen hole und mit dem jungen Ding zusammen frühstücke. Jetzt, sagt sie, geht es ihr schon ein bisschen besser, und wie gut es gewesen sei, dass ich Zeit gehabt hätte. Und wie ich die Treppe irgendwann runtergehe und verstehe, dass sie, wenn sie traurig ist, die Callas hören muss, damit sie es aushält, manchmal muss sowas eben einfach sein, egal, wie spät es ist. Überhaupt war das eine gute Nacht. Das muss ich schon sagen.

MUSIK

Manchmal ist es gut, wenn ein Freund oder eine Freundin in der Nähe sind. Aber es gibt auch Tage, da möchte ich niemanden sehen. Da möchte ich allein sein. Allein mit der Musik.

Das *Salve Regina* oder das *Da pacem Domine* von Arvo Pärt. Das *Agnus Dei* von Georges Bizet. Orgelmusik von Bach. *Denn er hat seinen Engeln* aus dem Elias von Mendelssohn-Bartholdy. Die Lieder von Franz Schubert. Das Adagio aus dem Violinkonzert von Max Bruch. Mozarts *Ave Verum*. Überhaupt alles von Mozart. Adagio in g-moll von Albinoni. *Herr, lehre uns doch* ... aus dem Brahms-Requiem. *Wut und Zärtlichkeit* oder das *Sag Nein* von Konstantin Wecker. *Mila siga* von Maria Farantouri, die traumdunklen Kompositionen von Kuczturica, Julia Babo, *Vater* oder *Fliegender Fisch* von Gundermann, *Don't give up* von Kate Bush. *Über sieben Brücken* von Karat oder *Ich such dich* von Dota.

Es ist unmöglich, all die Musik aufzuzählen, die mich schon getragen und getröstet hat. Es gibt Tage, da können einfach nur noch Töne ausdrücken, was ich fühle. Nur sie können mich hinein begleiten oder auch wieder herausziehen aus dem Meer der Trauer. Musik! Gnade der Götter! Was wäre ich ohne sie.

GETRAGEN

Die Finsternis ist nicht finster
Siehst du den Himmel glühn?
Siehst du das Sternengefunkel
Hin durch die Ewigkeit ziehn?

Goldengestirnter Himmel
Unendlich still und weit
Die Finsternis ist nicht finster
Uns trägt jemand durch die Zeit

Wenn du bei Nacht den Himmel anschaust,
wird es dir sein, als lachten alle Sterne,
weil ich auf einem von ihnen wohne,
weil ich auf einem von ihnen lache.

Antoine de Saint-Exupéry

AUCH DAS MEER

Auch das Meer tröstet mich. Vielleicht, weil es wie Tränen schmeckt. Vielleicht, weil es groß ist, weil es den Horizont berührt. Vielleicht, weil es das Unsagbare in sich birgt und sich so wenig fassen lässt wie der Schmerz. Am Meer kann ich brüllen vor Wut, die Wellen sind lauter. Am Meer kann ich stehen und weinen. Am Meer findet mein Herz seinen Schlag wieder. Die Wellen rollen auf mich zu, wie sie seit Jahrmillionen ans Ufer rollen. Sie schlagen gegen meine Beine, spülen den Sand zurück, ziehen ihn mit sich fort, schleifen die Kiesel glatt, murmeln ihr altes Lied.
Das Meer tröstet mich. Bin ich traurig, gehe ich ans Meer.

HEIMWÄRTS

Schiffe fahren durch die Nacht
Führen eine schwere Fracht
Einsamkeiten, Not und Tränen
Ohnmacht, Zweifel, stummes Sehnen
Schmerzen, Angst und Jammerwort
Alles laden sie an Bord

Jedes hat ein‘ Platz bekommen
Freundlich wird es aufgenommen
Keine Träne ist zu klein
Gast zu sein

Schiffe fahren durch die Nacht
Führen eine schwere Fracht
Halten Kurs aufs Meer hinaus
Bringen alles Leid nach Haus

Gefragt, was ihm damals geholfen, ihn getröstet habe, als sein Freund starb, sagte er: dass ich in der letzten Nacht bei ihm war. Dass er in meinen Armen starb. Bis zuletzt war ihm seine Autonomie wichtig. Dass er ins Hospiz ging, war das Beste, was uns in dieser Situation geschah. Das Personal war so freundlich und erfüllte alle nur denkbaren Wünsche. Ich konnte jederzeit zu ihm und auch bei ihm im Zimmer übernachten. Und die Freunde, die kamen, seine und meine. Die ihn besuchten, mit ihm rausgingen, später mit Rollator oder Rollstuhl. Die am Bett saßen, ihm Kuchen mitbrachten, anriefen, Mails und Briefe schrieben, seine Wäsche wuschen, ihn in die Kirche begleiteten. Die sich um ihn kümmerten, ohne großes Tamtam, einfach so. Das hat mir geholfen. Nicht allein zu sein in dieser schweren Zeit.

Er starb frühmorgens. Das Fenster war offen, die Vögel zwitscherten. Es war ganz friedlich. Und die Seele konnte ziehen. An dem Tag, als er gestorben war, kamen auch Freunde, um sich von ihm zu verabschieden. Es gibt diese Zeit. Sie war etwas Besonderes. Man muss es wissen und sie sich nehmen. Andere riefen dann an und fragten, wie es mir geht. Sie halfen mir, begleiteten mich, besonders bei der Wohnungsauflösung. Und auch zur Trauerfeier und Beerdigung kamen so viele. Freunde, Kollegen, Nachbarn, Schüler.

Das war ein sehr würdiger Abschied. Das Beisammensein danach tat gut.
Heute trage ich seinen Ring. Ich fühle mich ihm verbunden. Aber auch ohne Ring. Ich habe ihn im Herzen.

Du bist fortgegangen
aus unserer Mitte,
aber nicht aus unseren Herzen.
Du bist nicht mehr da, wo du warst,
aber du bist überall, wo wir sind.

Verfasser unbekannt

Das bleibt von dir

EIN TAG

Es war ein heißer Vormittag Ende August. Sie fütterte gerade die Hühner im Garten, als sie ein merkwürdiges Motorgeräusch hörte. Sie wohnte schon lange allein hier, im Ausbau, weitab vom Dorf. Ihr Mann war vor siebzehn Jahren gestorben. Sie hatte sich an das Alleinsein gewöhnt, wie man sich an ein zu enges Zimmer gewöhnt, wenn man nur lang genug darin lebt. Sie war menschenscheu geworden.

Ob er ein Glas Wasser haben könne, fragte der Mann. Er war bestimmt zehn Jahre jünger als sie, aber seine Haare waren grau wie ihre. Sie holte ihm Wasser. Die letzten blassen Phloxblüten dufteten intensiv, als sie an ihnen vorbeiging. Der Mann war höflich. Er trank das Wasser in gierigen Zügen und bedankte sich. Ob es eine Autowerkstatt in der Nähe gäbe, fragte er, sein Motor sei hin. Es gab keine.

Ein wenig verstehe sie davon, sagte sie, früher, als sie noch ein Auto gehabt habe, habe sie es oft selbst repariert. Sie könnten es zusammen versuchen.

Gemeinsam bauten sie den ganzen Tag an seinem Motor, bis er wieder lief. Er freute sich wie ein kleiner Junge. Seine Hände waren ölverschmiert, seine Stirn glänzte von Schweiß. Sie betrachtete ihn. Er war braungebrannt, sein Körper sehnig, sein Gesicht offen.

Sie lud ihn zum Abendbrot ein. Er nahm dankbar an. Sie aßen im Garten, mit gutem Appetit, und erzählten bis es dunkel wurde. Er fragte, ob er ihr beim Abwaschen helfen dürfe, war äußerst zuvorkommend und brachte sie zum Lachen. Sie genoss es.

Als er ging, schenkte er ihr einen Strauß Kornblumen, den er im Dunkeln am Feldrain gepflückt hatte, reichte ihr die Hand und hielt die ihre so lange in seiner, dass man es fast als Zärtlichkeit hätte gelten lassen können.

An diesen Tag dachte sie noch oft. An diesen wunderbar warmen Sommertag voller Farben und Nähe. Er trug sie durch weitere einundzwanzig Jahre. Das Kornblumenblau, das Gold des reifen Weizens hinterm Garten, das durchscheinende Violett der letzten Phloxblüten, das helle Grau seiner Haare, das Kupferbraun seiner Haut und der lange, liebevolle Händedruck, all das wärmte ihr Herz, als sie starb.

BLEIBEN

Bleiben
Nehmen was kommt
Die Hand öffnen
Schmerz und Freude
Umwachsen

Bleiben
Blühen und welken
Wurzeln treiben
Tief, breit, kräftig
Nahrung suchen
Zwischen den Steinen

Bleiben
Sich nicht ausreißen
Aus sich selbst
Ja sagen
Jeden Tag

DER AUGENBLICK

Im Abteil eines kleinen Vorortzuges begegnete ich einmal einem Menschen. Ich kannte ihn nicht. Wir saßen einige Reihen voneinander entfernt, schauten aus verschiedenen Richtungen in den Gang, und mein Blick verfing sich in seinen Augen. Ihm musste es ebenso ergangen sein, denn als er seine Tasche nahm und sich zum Aussteigen bereitmachte, merkten wir plötzlich beide, wie unsere Blicke sich meinten, und erst da wurden wir gewahr, dass wir nicht nur jeweils den anderen ansahen, sondern auch von ihm angesehen wurden. Was nun zu einer großen Peinlichkeit hätte führen können, geriet stattdessen zu spontaner Freude darüber, auf etwas Vertrautes, ja Verwandtes getroffen zu sein. Wir lächelten uns an. Es war, als zöge jemand einen Vorhang beiseite und ich sähe meinen vermissten Bruder. Sein Lächeln war nah und gut. Es gab mir so viel Zuspruch, dass ich es noch heute, über dreißig Jahre später, deutlich vor mir sehe. Nach dieser kurzen Begegnung, bei der wir kein einziges Wort gewechselt hatten, stieg der Mann aus. Doch seinen Blick nahm ich mit. Es war ein Blick, den man vielleicht nur einmal im Leben bekommen muss, um zu wissen, dass man richtig ist.

ABSCHIED

Du bist nicht fort
Du bist in mir
Ein Stück des Wegs
Ging ich mit dir
Nun gehst du weiter
Ohne mich
Mein Herz liegt brach
Es weint um dich
Und doch bist du
Nicht wirklich fort
Ich hör ja noch
Dein Zauberwort
Ab jetzt bist du
Ein Teil von mir
Ich seh dir nach
Und danke dir

NEIN SAGEN

Als ich dich das erste Mal traf, sah man dir gar nichts an. Deine Augen waren braun wie Vollmilchschokolade, und deine Lippen schmeckten nach Rauch. Wir tanzten den ganzen Abend. Ich verliebte mich unsterblich.

Bereits unser drittes Treffen fand auf der Intensivstation statt. Meine Liebe prallte gegen die Geräte, die dich dem Tod entreißen sollten. Und da gab es diesen einen Moment, mitten in meiner unaussprechlichen Verzweiflung, einen Moment, in dem ich nicht funktionierte wie sonst. Als die diensthabende Schwester hereinkam und mir mitteilte, dass ich jetzt zu gehen habe, ein kurzer, deutlicher Befehl, autoritätsgewohnt, da tat ich etwas, was ich noch nie vorher, mein ganzes siebzehnjähriges Leben lang, getan hatte. Ich sagte nein und blieb.

Es war eine kurze Liebe zwischen uns beiden. Doch dein Lächeln in diesem Moment ist mir geblieben. Das habe ich mitgenommen. Dein Lächeln und meine Kraft.

DEINE AUGEN

Zwei Sterne haben mich angeschaut
Ist lange her
Schauen nicht mehr
Drauf hab ich mein Leben gebaut

Zwei Sterne haben mich gemeint
Das war mein Glück
Sie kamen von dort wo das Licht ist
Und gingen wieder zurück

Ihr Leuchten ist geblieben
Füllt mir das Herz bis zum Rand
Hat mich gelehrt zu lieben
Stellt mich auf fruchtbares Land

SCHRITT FÜR SCHRITT

Loslassen
Dein Bild ins Album kleben
Daneben Zahlen schreiben
Geburtstag Sterbetag
Die Jahre zählen
Vergissmeinnicht zeichnen

Loslassen
Deine Wohnung leer räumen
Dein Zeitungsabo kündigen
Dein Telefon abmelden
Deine Sachen verteilen
Weitergeben was du
Nicht mehr brauchst

Loslassen
Alles
Loslassen
Dich ins Herz legen
Schlaf gut

WEIL DU MIR SO FEHLST

Weil du mir so fehlst, gehe ich manchmal raus an den See. Dort waren wir früher oft zusammen.
Ich stehe am Ufer. Genau dort, wo vor drei Jahren die Linde beim Sturm abbrach. Sie liegt noch immer mit der Krone im Wasser. Ihre Blätter sind vermodert, ihre Rinde ist abgefallen, der nackte Stamm von Wind und Wetter gebleicht. Auf diesem Stamm sitzen Enten. Sie gehört jetzt zur Landschaft, diese abgebrochene Linde.
Ich stehe am Ufer und schaue den See an. Er hat auch keine Antwort. Er sagt mir nicht, warum du gehen musstest. Ausgerechnet du. In mir ist ein Loch, das sich nicht schließt, eine leere Stelle. Du fehlst mir so. Es hört einfach nicht auf.
Am See kann ich weinen. Oder fluchen. Oder fragen. Das Loch bleibt.
Fragen muss ich, auch wenn es keine Antwort gibt.
Du wirst mir immer fehlen.
Die kleinen Wellen klatschen ans Ufer. Die Enten schnattern leise. Manchmal ist der See blau. Manchmal grau. Manchmal violett. Heute ist er silbern. Wenn ich hier bin, spüre ich dich.

ALL EIN

Baum steht am Wasser
Mensch steht am Wasser
Wind geht über sie hin

Rauscht in den Zweigen
Rauscht in dem Herzen
Fragt nicht nach Ziel und Sinn

Sterne schaun freundlich herab
Blätter fallen
Mensch lehnt sich an den Baum
Ist eins mit allen

Was man tief in seinem Herzen besitzt,
kann man durch den Tod nicht verlieren.

Johann Wolfgang von Goethe

AM MEER

Wellen wie Sehnsucht groß
Stetig und schlicht
Möwen im Meeresschoß
Kreisendes Licht
Himmel wie Welten weit
Kein Horizont
Wasserunendlichkeit
Herbstlich durchsonnt
Winziges Menschenkind
Sitz ich am Strand
Durch meine Hände rinnt
Uralter Sand

EIN LICHT IM DUNKELN

In der Gegend, aus der ich stamme, gibt es viele Seen, große und kleine, lange und breite, flache und tiefe. An einem dieser Seen, etwas außerhalb der Stadt, wohnte damals ein stiller, alter Mann, der seinen Lebensunterhalt durch das Fischen verdiente. In jeder Nacht fuhr er mit seinem kleinen Holzboot auf den See hinaus, fischte bis zum Mittag, radelte mit seinem Fang abends auf den Markt und bot ihn zum Verkauf an.

Der Alte war nicht unfreundlich, aber wortkarg. Wenn seine Fische verkauft waren, schnallte er die leeren Kiepen aufs Fahrrad und fuhr nach Hause. Kaum jemand kannte ihn näher. Freunde hatte er keine. Vor einem Jahr war ihm seine Frau gestorben, und hatten die beiden schon vorher dort draußen recht einsam gelebt, so lebte er allein nun noch einsamer. Manche, die zufällig an seiner Kate vorbeigekommen waren, berichteten, dass er, seit seine Frau tot war, jeden Abend nach altem Brauch eine brennende Kerze ins Fenster stellte, um ihrer zu gedenken.

Der alte Mann war selbst schon weit über achtzig und etwas gebrechlich, doch das Fischen ließ er nicht. Er und sein kleiner Stand waren ein fester Bestandteil des abendlichen Straßenbildes.

Deshalb wunderten sich die Leute aus der Stadt, als er eines Abends nicht auf dem Markt erschien. Vorerst beruhigte man sich noch, rechnete es seinem Alter zu und nahm an, er wäre wohl doch mal für einen Tag nicht ins Boot gestiegen. Als er jedoch auch am nächsten Abend nicht kam, begannen die Leute sich Sorgen zu machen. Zwei Männer fuhren zu seinem Haus und stellten fest, dass er nicht daheim war. In der alten Kate war es dunkel und kalt, selbst die Kerze im Fenster war erloschen. Sie suchten sein Boot am Steg. Es lag nicht an der Kette. Auch die Netze und das Angelgerät waren fort. Offenbar war er doch hinausgefahren, sie gingen zum Steg und hielten Ausschau, konnten ihn aber auf dem See nirgends entdecken. Allerdings hatte dieser See es auch in sich. Wegen seiner vielen Windungen und Unwägbarkeiten konnte man sich bei Dunkelheit oder schlechtem Wetter leicht auf ihm verirren.

Am dritten Tag fuhr ein anderer Fischer mit einem Freund auf den See hinaus und man suchte den Alten. Weder er noch sein Boot wurden gefunden. Nun rechneten alle mit dem Schlimmsten, denn wir hatten November, es hatte zwei Tage lang geregnet, und die Nächte waren bereits empfindlich kalt.

Doch wie groß war die Verwunderung, als der Alte am vierten Abend plötzlich wieder auf dem Markt stand und eine Unmenge Fische feilbot! Befragt, wo er die ganze Zeit gewesen sei, bedankte er sich überschwänglich dafür, dass jemand die Kerze im Fenster seines Hauses für ihn angezündet habe. Denn sonst, meinte er, hätte er wohl nie und nimmer zurückgefunden. Er habe sich in der ersten Nacht auf dem See verirrt, sei immer weiter abgetrieben und habe den Rückweg nicht mehr finden können. Tag und Nacht sei er gerudert, bis seine Kräfte ihn verließen. Als er schon geglaubt habe, es gar nicht mehr zu schaffen, habe er endlich die brennende Kerze entdeckt.

Dankbar schaute er in die Runde und wollte wissen, wem er seine Rettung zu verdanken habe.

Doch die Leute sahen sich nur ratlos an. Wie sich herausstellte, hatte niemand die Kerze im Fenster seines Hauses angezündet. Weder die Männer, die nach ihm gesucht hatten, noch irgendjemand anderes.

Nach einer kurzen Verwirrung lächelte der Alte und meinte, nun, dann müsse es wohl seine Frau getan haben, eine andere Erklärung gäbe es ja nicht.

Ob es ihm gut gehe, fragten die Leute.

Er wäre etwas erkältet, sagte er, aber sonst fehle ihm nichts.

Seit diesem Tage war der Mann wie ausgewechselt. Er paffte ein Pfeifchen, summte vor sich hin, plauderte mit den Leuten, hatte für jeden ein nettes Wort, und manchmal machte er sogar Scherze. Nie vorher hatte ihn jemand so fröhlich und zufrieden erlebt.

Noch ganze drei Jahre lang verkaufte er seine Fische auf dem Markt, bei Wind und Wetter. Er wurde 89 Jahre alt und starb friedlich in seinem Haus am See.

TROST

Geh zur Nacht
Da kannst du weinen
Nacht ist eine alte Frau
Hat viel Platz für deine Tränen
Kennt das Leben ganz genau

Geh zur Nacht
Du musst nichts wissen
Nachtfrau hat ein gutes Herz
Ruh dich aus auf ihrem Kissen
Nachtfrau kennt und trägt den Schmerz

Geh zur Nacht
Dort darfst du ratlos
Ängstlich leer und müde sein
Sie hat eine warme Decke
Hüllt dich sachte darin ein

Er starb am 20. Dezember. Genau einen Tag vor seinem vierzigsten Geburtstag. Er hatte lange im Krankenhaus gelegen. Ich hatte ihn oft besucht, aber jeden Tag war ich nicht dagewesen. Zu seinem Geburtstag hatte ich hinfahren wollen. Sogar sein Geschenk hatte ich schon eingepackt. Richtig gute Aquarellstifte. Weil er so gern malte. Und nun war er tot. Seine Mutter hatte es mir am Telefon gesagt.
Ich war verzweifelt. Ich hatte gewusst, dass er sterben wird. Er hatte es auch gewusst. Seit einem Jahr hatten wir es gewusst. Aber nun machte ich mir schreckliche Vorwürfe, doch nicht eher gefahren zu sein, mich nicht von ihm verabschiedet zu haben. Jeden Tag hätte ich bei ihm sein müssen! Jeden Tag! Ich war am Boden zerstört, wütend auf mich, auf Gott, auf die ganze Welt. Warum? Warum er? Warum jetzt? Warum so schnell? Er war doch viel zu jung! Warum heute? Wie hatte ich ihn so furchtbar im Stich lassen können!
Weinend und fluchend ging ich an den See. Er war tot. Mein bester Freund. An seinem letzten Tag war ich nicht bei ihm gewesen. Ich wusste nicht wohin vor Schmerz.
Ich war allein am See. Kein Mensch weit und breit. Nur ein paar Enten am Wasser. Du warst mein bester Freund, sagte ich. Wie kannst du sterben! Wie soll ich denn ohne dich klarkommen? Dann heulte ich los mit der Gewissheit, nie wieder aufhören zu können.

Ich umrundete den See einmal, zweimal, dreimal und heulte und heulte. Und plötzlich antwortete er. „Gräm dich nicht“, sagte er. „Sei nicht traurig. Mir geht es gut, wo ich jetzt bin.“

Es war eindeutig seine Stimme. Ruckartig blieb ich stehen und sah mich um. Da war niemand. Wurde ich verrückt? Er war es. Ganz nah. Ganz er.

„Es ist riesig“, sagte er. „Viel größer, als wir dachten. Ich hab gar keine Schmerzen mehr. Und ich kann alles sein, was ich will! Das Glitzern des Schnees, siehst du? Der Wind. Die Sonnenstrahlen. Das Schilf. Sogar dein Atem. Es ist wunderbar.“ Seine Stimme klang warm und fröhlich. Wie früher, als er noch gesund gewesen war. Ich lauschte. Nein, ich bildete mir das nicht ein. Was er da sagte, hätte ich mir gar nicht ausdenken können.

Als hätte er mich ganz innen mit seiner Freude angesteckt, war meine Verzweiflung auf einen Schlag wie weggewischt. Es ging ihm gut. Er war glücklich!

Diamantengleich glitzerte der Schnee. Sacht wiegte sich das Schilf am Ufer. Enten schnatterten. Vor mir entdeckte ich kleine Spuren von Vogelkrallen, wie flüchtige Noten einer Partitur. Mein Atem gefror vor dem Mund zu Kristallen.

„Ich kann alles sein“, sagte er. „Also auch immer bei dir.“

Ich lächelte. Das hatte er schon immer gekonnt wie kein Zweiter: Mich trösten.

WENN DU GEHST

Wenn du gehst bleibt dein Lächeln
Deine Liebe die Farbe
Deiner Augen der Klang
Deiner Stimme die vielen
Gespräche am Abend
So zeitlos so herzweit
Bleibt all das
In mir

Steht nicht an meinem Grab und weint,
ich bin nicht hier, ich bin die tausend Winde,
ich bin der Sonnenschein, ich bin der Stern,
steht nicht an meinem Grab und weint.

Verfasser unbekannt

Bis wir uns
wiedersehen

INNEN

Zwei Freundinnen trafen einander.
„Wie geht es dir?“, fragte die eine. „Du wirkst so, wie soll ich sagen, so fröhlich. Dabei ist dein Mann doch erst zwei Monate tot.“
„Das klingt ja fast wie ein Vorwurf“, sagte die andere. „Warum soll ich nicht fröhlich sein? Manchmal bin ich traurig. Manchmal bin ich fröhlich. Mein Mann ist ja nicht weg, nur weil ich ihn nicht mehr sehe. Er ist jeden Tag bei mir.“
Die erste sah sie eigenartig an. „Das verstehe ich nicht.“
„Ja, er ist tot“, sagte die zweite. „Ich werde nie mehr sein Lächeln sehen, nie mehr seine Stimme hören, ihn nie mehr berühren können. Nie wieder. Das macht mich traurig. Aber hier, in meinem Herzen“, sie legte die Hand auf ihre Brust, „da spüre ich ihn. Immer. Jeden Augenblick. Äußerlich ist er weg. Aber innen, hier drin, ist er da. Dort begleitet er mich. Warum sollte ich also nicht auch fröhlich sein?“

DER STEIN

Als wir uns verabschieden mussten, hast du meine Hand genommen und einen ganz kleinen, flachen, weißen Stein hineingelegt. Den hättest du am Strand gefunden, sagtest du, an der Ostsee in Kühlungsborn, vor vielen Jahren. Es wäre ein Wiederseh-Stein, und er wäre für mich. Damit ich weiß, dass wir beide uns eines Tages wiedersehen.
Kurz darauf bist du gestorben.
Das ist einundzwanzig Jahre her.
Deinen Wiederseh-Stein trage ich immer noch im Portmonee mit mir herum. Oft nehme ich ihn in die Hand und streiche über seine glatte Oberfläche. Dann fühle ich, dass du noch ziemlich da bist. Und bin mir sicher: Wir sehen uns wieder.

ICH WERDE

Ich werde die Tür aufmachen
Die Tür zu Weite und Luft
Ich werde fortgehn und lachen
Wenn mich das Große ruft

Ich werde den Wind genießen
Der meine Haut berührt
Und den warmen Sand an den Füßen
Und das Gras das im Sand sich verliert

Ich werde Wege beschreiten
Von denen ich jetzt noch nichts weiß
Ich werde mich dehnen und weiten
Bis ich vergess wie ich heiß

Ich werde was mich stumm macht
Tief versenken im Meer
Ich werde begraben beweinen
Alles was falsch war und schwer

Ich werde auf Bergrücken stehen
Und zurückschaun ganz ohne Zweck
Ich werde mich umdrehn und gehen
Endlich ohne Gepäck

WENN ICH DICH WIEDERSEHE

Wenn ich dich wiedersehe
Werden deine Hände ruhig sein
Und dein Atem sanft
Wie deine Bewegungen
Die Angst wird fort sein
Als hätte es sie nie gegeben
Wenn ich dich wiedersehe
Wird alles gut sein
Das Licht das Wasser der Schrei des Bussards
Die Luft wird nach Tulpen riechen
Und der Sand unter unseren Füßen
Wird rot sein und warm

Ich glaube daran
Dass wir singen werden
Singen im Traum
Wie die schlafenden Fische
Ich glaube daran
Dass es so sein wird
Wenn ich dich wiedersehe
Ich glaube daran
Dass der Tod nicht das letzte Wort hat

ICH WEISS

Ich weiß, dass du nicht mehr da bist. Jedenfalls nicht so wie vorher, als Körper, als Stimme, als Blick. Du bist über die Grenze gegangen, über die wir alle eines Tages gehen, weil wir Menschen sind und also sterblich.

Ich weiß, dass du nicht mehr da bist. Wir haben dich begraben, haben Lieder gesungen, haben Erde in die Hand genommen, sie auf deinen Sarg geworfen, haben Blumen auf dein Grab gelegt und von dir erzählt. Ich weiß.

Und trotzdem bist du da. In mir. Als eine starke, wärmende Gewissheit. Wenn ich ruhig werde und die Augen schließe, sehe ich dein Gesicht. Höre deine Stimme. Spüre deine Nähe. Dann bist du mir ganz nah.

Ich weiß, dass du tot bist. Ich weiß, dass du da bist.

Wenn ihr mich sucht,
sucht mich in euren Herzen.
Habe ich dort eine Bleibe gefunden,
lebe ich in euch weiter.

Rainer Maria Rilke

Zur Autorin:
Doris Bewernitz, Schriftstellerin, zwei Kinder, vier Enkel, 26 Bücher, schreibt Romane, Kurzgeschichten, Erzählungen, Krimis, Satiren und Lyrik.
Sie hat selbst schon viele liebe Menschen verloren und möchte mit ihren Geschichten andere und sich trösten. Beim Schreiben schöpft sie aus einer reichen Lebenserfahrung, die sie unter anderem in sechs verschiedenen Berufen sammelte.

Bildnachweis:
AriSys / shutterstock /Umschlag, S. 4, 48, 71), Olga_Aleksieieva / iStock (S. 8, 10/11, 82), AlexGreenArt / shutterstock (S. 18, 30/31), Africa Studio / shutterstock (S. 22, 84/85), Plateresca / iStock (S. 26, 40/41), diane555 / iStock (S. 29, 80), Jolliolly / shutterstock (S. 39, 88, 96/97), Madlen / shutterstock (S. 44, 54/55, 56, 100), Mikhaylova Liubov / shutterstock (S. 52, 72), tharamust / shutterstock (S. 63, 92), ithinksky / iStock (S. 76/77, 103).

5. Auflage 2025

ein Unternehmen der Verlagsgruppe Patmos
in der Schwabenverlag AG
Im Alten Rathaus/Hauptstraße 37
D-79427 Eschbach/Markgräflerland

www.verlag-am-eschbach.de

Gestaltung und Satz: Angelika Kraut, Verlag am Eschbach
Kalligrafie: Ulli Wunsch, Wehr
Herstellung: Grafisches Centrum Cuno GmbH & Co. KG, Calbe
Hergestellt in Deutschland
ISBN 978-3-86917-695-6

FSC www.fsc.org
MIX
Papier | Fördert gute Waldnutzung
FSC® C043106

Gedruckt auf umweltfreundlichem Papier, ausgezeichnet mit dem EU Ecolabel und FSC®-zertifiziert.
Näheres zur Nachhaltigkeitsstrategie der Verlagsgruppe Patmos finden Sie auf unserer Website www.verlagsgruppe-patmos.de/nachhaltig-gut-leben
Dieses Produkt entspricht den Regeln der EU-Verordnung zur allgemeinen Produktsicherheit (GPSR). Näheres dazu auf unserer Website www.verlagsgruppe-patmos.de/produktsicherheit. Bei Fragen zur Produktsicherheit wenden Sie sich bitte an produktsicherheit@verlagsgruppe-patmos.de

Manufakt
Dieser Baum steht für Erhaltung unserer natürlichen Lebensgrundlagen, umweltschonende Ressourcenverwendung und nachhaltige Herstellung.
Individuell und mit Liebe gemacht.